尔艾门

吴颖丽 著

作家出版社

谨以此诗献给曾经的我们，也献给未来。

狍腿皮烟口袋

达斡尔族的民间工艺非常丰富，涉及了生活的各个层面。
男用狍腿皮烟口袋，是达斡尔族刺绣艺术在狩猎时代的皮毛刺绣体现。

目录

白那查

"白那查"神是达斡尔族信奉的山神。

在达斡尔猎人心目中，白那查是隐居深山密林助人为乐的"恩神"。

狩猎途中遇到高山、岩洞和怪石，都认为是白那查神住的地方，洒酒祭祀，磕头膜拜。

猎人们在森林饮酒就餐时，先用手指蘸酒洒向空中三弹或行食物捧举之礼，然后才开始用餐。

古老记忆与民族志书写

——读诗人吴颖丽长诗《达斡尔艾门之歌》有感

　　古老记忆。嫩江平原是一段属于英雄的记忆，蕴含着古老而亲切的大地对于诗人的呼唤。诗人吴颖丽的长诗《达斡尔艾门之歌》追忆这段属于北疆民族的古老记忆，结合叙事民歌的表达方式重塑了达斡尔人民古老而亲切的历史记忆。关于英雄的崇拜是北疆民族诗歌永恒的话题，那是北疆民族对待生活的一种态度。从气势浩瀚的《英雄史诗》，到蒙古族的《嘎达梅林》，再到达斡尔族的《达斡尔艾门之歌》等一系列相关文学作品，体现了北方民族的人们在不同时代以不同方式，不断歌颂着属于他们自己的精神寄托的文学传统。

　　在创作方法方面，《达斡尔艾门之歌》体现了《英雄史诗》崇高的风格，同时又兼备了民歌的朴素之情。关于这些，诗人将之列入了诸如《像甘美的石榴籽》"而为了守护要地新疆，索伦营将士骁勇疆场半个世纪，有无数好男儿献身在天山的腹地"等段落之中；而"二十处伤身上挂，好像身上开的花"等民歌的选取，则塑造了北疆勇士们崇高的献身精神；至于《农夫打兔》"老婆老婆听我说呀，努嘎啊哟德木德，快快起来去做饭哪，努嘎啊哟德木德，今天咱要出趟门哪，去到地里搂柴火"等民歌的选取，则是对达斡尔人民朴素生活的写照。这里需要注意的是，多用于口传文学中的衬词是民族文学韵律的常用表现方法，如讷耶勒呢耶耶，介本哲嘿等等，此类衬词的选用也是长诗《达斡尔艾门之歌》的特点之一，使得该诗具备了一种古老而朴素的韵味。

在长诗《达斡尔艾门之歌》里，嫩江平原、黑龙江河谷既是真实存在的地名又是文学构建的所在，具有审美特性和抒情性质的诗性地理意味。在诗人吴颖丽笔下，北疆边地嫩江平原、黑龙江河谷是留有祖先记忆的诗意故土——"达斡尔艾门的歌声多么嘹亮，古老的民族发祥在黑龙江，从事游牧渔猎人丁兴旺，开荒种地繁衍生息在嫩江平原上。历史的变迁锤炼着民族的成长，辈辈踏着先祖的脚印阔步奔前方"；是一段属于达斡尔民族的古老记忆，诗人通过重塑这段民族记忆，在更深广的层次上体现了达斡尔民族生存状态与民族心理——那北疆边地嫩江平原深山密林深处即是诗人记忆的深处，那里留有她的祖先们古老的体温——"去和山林中缭绕的雾霭一起合唱，去和大江大河奔涌的涛声一起合唱，去和英武的达斡尔男人以及他敦厚的女子/还有他顽皮又灵秀的孩子们一起合唱，去和镶嵌在暖暖远人村依依墟里烟中/图画一样的达斡尔人家一起合唱。直到胸口发烫，直到热泪盈眶，直到忘了宠辱，直到忘了庙堂，直到把自己唱出飞翔的翅膀"；是诗人记忆深处属于达斡尔民族精神世界的乌托邦——诗人通过所塑造的这样一个乌托邦世界，体现了对北疆故土的深厚情怀。在这个乌托邦里，有对寻常百姓的日常生活的感悟，也有对北疆勇士们的追忆，这是一个充满对勇士的思念、对民族的思念、对大地的思念的精神世界，镇守边疆的勇士是伟大的，而养育勇士、养育一个民族的北疆大地又何尝不是更伟大的呢！

有时，大地和荣誉可以是同义词。"在那深山密林深处，世代居住着达斡尔族。……"等段落的安排，体现了诗人对故土的自豪感；"为了抗击沙俄英帝廓尔喀对疆藏的侵袭，一批又一批达斡尔人的勇士，割舍亲情告别田园，数度远征英勇克敌"则体现了诗人对勇士的崇拜与感激之情。在此刻，养育达斡尔民族的北疆大地嫩江平原、黑龙江河谷与保卫北疆的达斡尔勇士都成为荣誉的符号，诗人通过在诗性地理上创建起的乌托邦世界，重塑了达斡尔民族的历史记忆，乃至华夏民族对北疆的记忆。

　　创伤记忆。在长诗《达斡尔艾门之歌》的乌托邦世界里，似乎弥漫着一种忧伤的气息——那是来自诗人灵魂深处的忧伤，是对大地和勇士的思念。北疆是英雄的故土，然而失去了英雄的土地则是孤独的、哀伤的。大地失去了勇士，人民失去了英雄，这似乎是《达斡尔艾门之歌》乌托邦世界的另一个面孔——"而为了守护要地新疆，索伦营将士骁勇疆场半个世纪，有无数好男儿献身在天山的腹地""二十处伤身上挂，好像身上开的花，我曾守过这卡伦，我要安息在这里了"——那"二十处伤"不仅仅是勇士们肉体上的创伤，似乎也是诗人灵魂深处的创伤。或许正是这种创伤，让诗人产生了一种不吐不快的心理，从而促使她写下了这段关于民族的古老而哀伤的记忆。对于诗人来说，这是一段无须刻意记录的历史，是从灵魂深处生长出的古老记忆。

是的，"二十处伤身上挂，好像身上开的花。我曾守过这卡伦，我要安息在这里了。夏天黄土地把身埋，冬天白雪当被盖。双双飞翔的小燕呀，捎个信儿给我情人吧"等民歌的选取，让我不由得想起蒙古族民歌《嘎达梅林》的歌词"北方飞来的大鸿雁啊，不落长江不呀不起飞。要说造反的嘎达梅林，为了蒙古人民的土地……为了追求太阳的温暖哟"——无论是失去梅林的科尔沁大地，还是失去勇士的嫩江平原、黑龙江河谷，都同样是北方民族的创伤记忆。也许英雄的命运注定是悲伤的，而这悲伤在此刻恰恰化成了苍天赐予诗人的灵感——大地不可以没有英雄，也同样不可以没有诗人——或许，诗歌的另一个身份正是英雄的另一种存在方式——在这片广袤的土地上，除了山川、河流，只有对英雄的思念才是永恒的。

诗人吴颖丽的长诗《达斡尔艾门之歌》是北疆民族的一首遥远而亲切的歌谣，是一段古老而哀伤的记忆。从某种意义讲，人类的歌声是他们灵魂救赎的一种方式，寄托着他们心灵的祈愿——"……声声饱含一个北疆民族的过往。如果你听到了倔强里的忧伤，如果你听到了忧伤里的刚强，那正是他们祖先的模样"。可以说，《达斡尔艾门之歌》是一首需要我们用心灵去感悟的"歌儿"——席勒曾说过，"诗人或者是自然，或者寻求自然。前者造就素朴的诗人，后者造就感伤的诗人"。达斡尔族诗人吴颖丽对北疆大地怀着一颗感恩的心，她笔下的深山、密林、江河等自然风物，都被提升到了更为深刻意义的境界，充满了神性和高贵的人性——然而，这诗意的北疆，这丰饶的嫩江平原、黑龙江河谷上的乌托邦世界，又何尝不是勇士们用牺牲所换来的呢！

民族志书写。具有少数民族身份的诗人，天生具有某种特定的身份，他们由来耳濡目染着本民族的文化，亲历着本民族的各种民俗节庆、仪式，共享和传承着本民族的情感、精神及价值世界。在长诗《达斡尔艾门之歌》中，诸如"他们的摇篮叫作达日德，是阿查用果木精心雕刻""他们用柳树的枝条编起篱笆院落，晕染达斡尔人家那山水微醺的生活""他们的信赖也依然交给了树——他们埋下枝繁叶茂的白桦树，把它唤作'格里·托若'神树，深信这神树能懂得他们虔诚的倾诉""哈拉是达斡尔人的姓氏""莫昆是达斡尔人的氏族组织"等大量诗句，都具有民族志意义的书写，诗意引领着读者们去了解达斡尔族的历史与文化——达斡尔族是一个具有悠久历史且英勇忠烈的民族，这在长诗《达斡尔艾门之歌》中诸如"在那深山密林深处，世代居住着达斡尔族""手握铁砂长铳猎枪，狩猎着飞禽和走兽。烧炭采石又伐木，辛勤创业历尽艰苦"等大量诗句里，都得到了较为充分的反映，尤其是关于达斡尔族的历史生活、社会形态及风土人情等文化特点——达斡尔族传统文化主要靠口耳相传，其传承和发展存在着相应的挑战——由此，诗人吴颖丽的长诗《达斡尔艾门之歌》也就成为一种具有民族志意义的书写——可以说，诗人吴颖丽是兴安岭的歌者，也是保护与传承达斡尔族文化的参与者。这样一种歌唱和参与，值得尊重，也值得肯定。

总之，长诗《达斡尔艾门之歌》所散发出来的"歌声"，会久久回荡在大兴安岭的山林之中，是呼唤达斡尔民族记忆的歌声，也是呼唤华夏民族记忆的歌声；是对养育达斡尔民族的大地和保卫北疆的英雄的赞誉之声，也是追溯一段蹉跎岁月和古老记忆的心灵之声。

内蒙古师范大学蒙古学学院

希乐德格

古老的抒情与大地的歌谣

——评诗人吴颖丽长诗《达斡尔艾门之歌》

　　作为一种可能的诗歌写作的敞开，诗人吴颖丽的长诗《达斡尔艾门之歌》，为我们提供了可供思考的范本，这在于长诗的节奏与韵律、音步与歌美等诸方面，所呈现出的诗歌音乐性的当下尝试。诗人要为我们献上的是一支历久而弥新的民族歌谣，"一种穿越时空从未停歇的歌，遥远又贴近，古老又年轻"，她聆听到那久远而来的声息，为之所召唤，笔随心走，自由奔放，以长诗连歌体式，在古老传统的伟大灵魂与当下生存情境的呼应之中，带给我们深切的感受性体验，可谓是意味深长。可以说长诗《达斡尔艾门之歌》，倾心投入到重复与变奏的音乐织体的回环往复旋律的生成过程当中，这是对于历史声息的一种亘古的眷念与敏锐的绵延。抒情语式的内部动力是依托于坚实而饱满的民族文化承接，这与诗人来自民间传统文化的最初文学滋养息息相关，这些诗性的语质与元素是内化于心的，在一种被赋予时间性的文化品格的激发下，它们寻向诗人之口之笔端，激越而跌宕地向我们涌现。读这首长诗，我们会自然而然地被其内蕴而深长的抒情咏叹所打动，她并不过重依赖语言的修辞技艺，而是将一种诗写的可能，引入到歌谣体般的历史想象与语言游走之中，没有过多的语言修辞的繁饰，而是质朴如生养血地的青草与马鸣，充满动感的生命旋律与旺盛血质的奔放冲涌。

我愿将长诗《达斡尔艾门之歌》视为诗人的还愿与祝福之作，她面向的是个体生命所承担与负载着的幽深历史。关于一种民族精神的歌吟和持久的保有，都将使得吴颖丽在诗性空间打开的那一刻，端凝达斡尔族浩瀚而粗犷的蓬勃民族情感，她以其自身成为民族灵魂通往语言赋形的通道，担负起歌赞民族灵魂的天职，来答谢生命原始的滋养，而注定成为一名灵魂的歌手。从整体而言，长诗《达斡尔艾门之歌》由"山水之子达斡尔""世代忠烈达斡尔"与"生生不息达斡尔"三部分构成，每一部分下面又分为三部分，可以说在长诗结构形制方面设置颇为严谨深宏，雄浑而壮阔，遒劲而柔婉，会聚为对于历史整体生存之境的诗性整合。诗人不无希望地在诗形的展开之中，渴望着关于达斡尔族群灵魂的述说和歌吟，可以长久地被保有和为之命名，作为一种民族语言文化的血液绵延地流淌下去。也正是在这样溯流本源的古今贯通之间，诗性空间的境界为之洞开为之广阔，而将当下生存的传承置于历史周身的多声部之中，在民族独特的语言气息内充分激发着诗歌创作的语言活力，而使得我们充分地感受到了长诗语言诚朴而率真，充满撼人心魄之力。在诗意追寻自身民族的源头时，诗人便在歌唱般的片段式叙事之中，来展开关于达斡尔艾门的历史传说与命运变迁，我们看到与自然万物相生息的民族诞生，"所有的父亲都是山林的衍生""所有的母亲都是江河的化身"。一切为山林江河的自然所孕育，这样古老而悠久的达斡尔民族从深山密林中走来，绵延千年血脉流淌，他们在这一片恩泽之地上，"用爱、用身躯"辛苦劳作繁衍生息。如果要去真切地感受这生命源头的苍茫，便就需要如同诗人诗作所写，"想要听懂这绵延千年的歌声，你就要走出那密不透风的围城，去苍穹之下，去沃野之中"。

神话传说成为时间长河里，探寻人类情感隐秘深处的一个巨大的隐喻，诗写的惊异到来，既与诗人长久以来的沉思惦念相关，也更是诗之语与诗人的相互寻找，它命定般地在语言的纤弦之中触及人类心灵亘古的隐秘。在《绵延不绝的秘密》中，诗人将对于族群寻根的辨认，引向了久远而来的口耳相延的神话传说，"真想化作神女，去看驾乘着白马的先人，怎样从马盂山下翩然出发，追寻着土河之水的灵气东行逶迤"，"真想化作神女，去看青牛背上美丽的天女，怎样沿平坦的松林泛潢而下，巧遇她白马倜傥的情人"。诗人执意于民间神话的打捞中，接续千年未竟的民族血脉奔涌行往远方，她要倾心用诗韵守护达斡尔族精神的家园，"追寻达斡尔人千百年来踏过的足迹，追寻一个民族几经迁徙却延绵不绝的秘密"。在《农夫打兔》的诙谐幽默话语传达之中，也盈满着达斡尔人浓郁淳朴的爱意与情深，他们素朴而充满温暖地度日，成为"大自然厚爱的孩子"，如同诗中所说"他们把关于悲欣的抒情，都唱给了山野和生灵。他们对生生不息的自然伙伴，深怀永恒的热爱之情"。诗人动情地将达斡尔族人与自然生灵彼此开合注息，共同生存与天为命的蓬勃生机，经由幽深的历史之口述说的委婉动人，他们素朴而光亮的农牧渔猎生活，如同"原野上流动的景色／四季的花朵"，"……极简的生活里，有着草木的清香，有着泥土的本色"。这是被天地所祝福的古老的族群，他们在祖国广袤的北疆之地，繁衍生息人丁兴旺，于历史雄浑浩荡的巨大变迁中，勇健刚强地成长，经受着历史跌宕起伏的苍茫洗礼，他们持守着古老的信念，献予忠烈与正义，无所畏惧地反抗压迫和剥削，抗击侵略护佑山河。诗人吴颖丽要以一颗无限哀伤与崇敬的心灵，向已逝去的达斡尔族的英灵献上永恒的赞歌，他们用炽热的胸膛、赤诚的血与泪守护住了母亲的疆土。也正是怀着对于族人与生养之地的无限热爱，诗人透过诗行的述说，在那族群的历史迁徙变化过程中隐隐带给我们热泪之情，这是如同诗行所喻写的那样，达斡尔的姊妹兄弟亲如一家，如"紧紧相依的石榴籽"般团结友爱，彼此守护着和平的辽阔疆土。

汉斯·狄特·格尔费特在《什么算是一首好诗》里谈道，"在所有传统诗歌的格式中，谣曲至今仍被证明是最具生命力的一支"。长诗《达斡尔艾门之歌》最为引人注目的是它的诗写抒情语言形式，诗人为呈现出达斡尔族人与自然和谐共生的原生情态，将那广袤的山野与草树万物，以纯真挚爱的婴孩的目视而出，化为动听的讴歌自然的谣曲。这是源自诗人与数代族人心灵虔诚的倾诉，他们秉承着"凡虔诚，皆欢乐"的信仰，以泛灵论来看待与之相依相守的周身自然，他们是"格里·托若"神树的宠儿，"是山神白那查永远护爱的婴孩"，在自然无垠的永恒怀抱之中。诗人正是借助民间谣曲的形式，来传达出发自达斡尔人内心深处的对于大自然休戚与共的生命眷念与欣悦，我看到在这谣曲的重章复沓般的音符回旋跃动之间，浸满着一个民族蓬勃的生机与活力，"柳树顶梢上，百灵在歌唱。声声歌儿唱的是，为我祝福的歌。吉喂耶吉喂耶，吉祥的歌。珠格日吾桂珠格日吾桂，五样热情的歌"。在朴拙而欢乐的自然光芒里，一切都如"草尖上迷人的音符"，一切都被自然生长的幸福所洋溢，人们的欢乐被春天的山谷、被野地的花草所捡拾，我们看到诗人将目光投向了那山野间江水边："到处是采撷柳蒿芽的天堂，到处是达斡尔姑娘草木清欢的光芒"，"她们是天空上洁白的云朵，她们是春天里最明亮的欢乐，她们和大地上的生灵唱着同样的歌""她们苦中一缕清香，像那嫩绿的柳蒿芽铺满春天的家乡。她们像那凌霜傲雪的达子香，浓艳欲滴的粉紫色会迷醉人的心房——"在这诗行的转换联结之中，我们时时可以感受到诗人对于达斡尔族人生养之地的无限热爱之情，那涌动的灵思与挚诚全然发自心灵的爱之流动。

长诗《达斡尔艾门之歌》用音乐的形体，巧妙而奇特地组织起了关于达斡尔族的历史变迁与命运发展的灵魂之线。诗人将自我的吟唱嫁接在达斡尔族跌宕起伏而雄浑壮阔的生命之树上，以纯真质朴的歌谣诚实地向一个民族致敬，这首长诗久久撼动人们心灵的地方，也正在于它在乐音的回旋往复之中，敞开并照亮了达斡尔人那深广的历史记忆与现实生存。这是一个"将故土奉为一生的皈依"的族群，他们在自然的光辉映照下筚路蓝缕而生生不息。如同诗中所写，"他们向光而生，矢志不渝"，诗人吴颖丽借由长诗音乐之体，引领我们重返到那属于精神家园的语言呼吸之中，犹如山歌与江水般绚烂，这是属于爱与依恋的永恒吟唱，音逐情起而将丰饶的大地上生命的奔放真诚地颂赞。

北京师范大学文学院

张高峰

山水之子

达斡尔

狍皮帽

达斡尔族男子所戴的仿生皮帽。
是用狍、狐或狼的头皮整剥下来制作，最常见的是狍皮帽。
这种仿生帽是达斡尔人狩猎时代的产物，有助于伪装接近猎物，提高狩猎效率。

所有的父亲都是山林的衍生　　所有的母亲都是江河的化身

布勒软底靴

达斡尔族的鞋履以靴子最富特点，称为"斡罗其"，这是一种布筒饰纹靴子，造型别致。
以白布做靴面，在靴尖、后跟、靴口饰黑色为主调的几何形图案装饰。
前面开口系两个赫头布扣，靴底用牛、狍等动物后脖皮鞣熟制成。

1. 深山密林我的家

"在那深山密林深处，世代居住着达斡尔族。

随着畜群四处放牧，山河土地是我们的慈母。

讷耶勒呢耶，讷耶勒呢耶耶。

讷耶勒呢耶，讷耶勒呢耶耶！

手握铁砂长铳猎枪，狩猎着飞禽和走兽。

烧炭采石又伐木，辛勤创业历尽艰苦。

讷耶勒呢耶，讷耶勒呢耶耶。

讷耶勒呢耶，讷耶勒呢耶耶！"

勒勒车

勒勒车在达斡尔语称"达斡尔·特日格"（即达斡尔车），是达斡尔族传统交通工具。
达斡尔人制造使用大轮车有着久远的历史，以轮大著称，因此达斡尔人也叫它大轱辘车。
在历史上，车轮的发明是科学技术史上的重大技术变革。
像达斡尔人这样弯制车辋，用车毂、辐条制作车轮，更是古代造车技术中的上乘之举。

2. 一群用歌声题诗的人

这四二拍的行进节奏,

这 D 调的低音柔和饱满又浑厚,

这笛音清脆又明媚, 这号声深沉又新锐。

这, 就是达斡尔艾门的歌,

一种穿越时空从未停歇的歌,

遥远又贴近, 古老又年轻——

想要听懂这绵延千年的歌声,

你就要走出那密不透风的围城,

去苍穹之下, 去沃野之中,

去莫力达瓦, 去梅里斯,

去北疆边塞巍巍的塔城。

去和山林中缭绕的雾霭一起合唱，

去和大江大河奔涌的涛声一起合唱，

去和英武的达斡尔男人以及他敦厚的女子

还有他顽皮又灵秀的孩子们一起合唱，

去和镶嵌在暖暖远人村依依墟里烟中

图画一样的达斡尔人家一起合唱。

直到胸口发烫，直到热泪盈眶，

直到忘了宠辱，直到忘了庙堂，

直到把自己唱出飞翔的翅膀，

直到把自己唱成一篇

葱茏的山水文章。

这样，

你就会爱上这支歌的模样，

爱上这山山水水的模样，

独轮手推车

独轮手推车的辘轳造型与大辘轳车相同，轮子较小，直径60厘米左右。
车架与放平的"月"字相仿。车轮置入"月"字形框架的前端框内。
人可以在"月"字形框架后面用双手提起双辕行走，造型独特轻便耐用。
独轮手推车是达斡尔族日常生活中必不可少的工具之一。

爱上这达斡尔艾门的模样。

这样，

你就会懂得达斡尔人，

懂得一群用歌声题诗的人，

在深山，在密林，

在慈母一样温厚的恩泽之地，

用扎恩达勒，用鲁日格勒，

用爱，用身躯。

3. 绵延不绝的秘密

如果你要问我，

达斡尔人从哪里来，

我会给你讲无数个父辈口传的故事。

然而我最爱的，

还是青牛白马的传奇，

那段古老又温暖的神话母题，

那场千百年前遥远又浪漫的相遇——

真想化作神女，

去看驾乘着白马的先人，

套袖长手闷

套袖长手闷，是一种适合劳动的手套。
手闷由腰及掌两部分组成，腰与掌在腕处的缝合口朝前留一个手掌宽的横口，方便伸出手掌，
便于猎人伸出手指勾动扳机或在劳动时手握工具和绳套。
手闷上常见的装饰就是拇指正面的鹿头黑皮补花绣，鹿眼以红布补绣。

怎样从马盂山下翩然出发，

追寻着土河之水的灵气东行逶迤。

真想化作神女，

去看青牛背上美丽的天女，

怎样沿平坦的松林泛潢而下，

巧遇她白马倜傥的情人。

真想化作神女，

去看木叶山下那旨神秘的天意，

去看圣水合流之地那场浪漫的奇遇，

去看曾经的自己。

真想化作神女，

去看西拉木伦去看精奇里，

去看先人蓬勃生息。

去看黑龙江去看兴安岭，

去看先人打牲放牧的英姿。

去看诺敏河去看纳文慕仁，

去看先人渔猎耕耘。

去看卡兰古尔去看塔城，

去看先人戍边的艰辛。

真想化作神女，

追寻那首动听的民谣里缤纷的叙事——

"边壕古迹兮，吾汗所遗留，

泰州原野兮，吾之养牧场"，

追寻达斡尔人千百年来踏过的足迹，

追寻一个民族几经迁徙却延绵不绝的秘密，

追寻父辈那亲切的言语，

追寻温热的故里。

妇女头饰

达斡尔族妇女有前额束头带的习俗。
年龄不同，样式会有所不同，小女孩和年轻妇女的头带会有珠串流苏。
老年妇女的头带则仅在中间部位有一个小的金属或珠宝的装饰物。

哈尼卡

哈尼卡，玩具纸偶，是达斡尔族小女孩喜爱的玩具。

它由剪纸的人物头形和圆锥形的人体组合而成，可以站立，有几厘米到20多厘米高。

制作"哈尼卡"时，用一张白纸对折剪出对称的各种人物"哈尼卡"头形，然后贴在细棍上。

身体部分可用彩纸做成圆锥形，把贴有剪纸头形的细棍插进圆锥形身体上部，"哈尼卡"便成形了。

所有的爱侣都是亲密的伙伴　　所有的院落都是天生的乐园

猎
刀

达斡尔族猎刀呈柳叶形，刀背比较厚，逐步向刀刃处过渡，刀刃比较薄。
刀通长有30厘米，宽约4到5厘米，刀把呈扁圆形，约占刀长度的三分之一。
刀鞘上端铜箍一侧有铜环，可系皮条连于刀把，防止在狩猎时刀从鞘中滑落。

1. 农夫打兔

"老婆老婆听我说呀，努嘎啊哟德木德，

快快起来去做饭哪，努嘎啊哟德木德，

今天咱要出趟门哪，去到地里搂柴火。

老婆老婆听我说呀，努嘎啊哟德木德，

今天正是腊月八，你要给我做顿饭哪，香喷喷的腊八饭。

心爱的人儿做的饭哪，吃起来呀真可口。

做得好来做得香啊，一吃吃了五大碗。

越吃越香越想吃啊，又加了两碗还嫌不够。

黑犍子大牛套上车呀，耙子和斧头拿在手。

老婆老婆你快来看哪，草窠里猫着个小白兔！

抓过耙子我甩过去呀，就差两指没打上，

再拿斧子我扔过去呀，又差三指没打着。

真着急呀急煞了我呀，拍拍屁股我蹦高跑。

光顾跑啊没注意呀，耙子把我绊倒了。

再想起来往前追呀，腿酸腰疼我肚子饿。

老婆老婆你快来呀，把我扶到车上吧！

咱俩今天真扫兴啊，垂头丧气地回家吧。"

2. 只收山水不落尘埃

在这顽皮的歌声里，

究竟住着一个怎样幸福的男人啊——

一个可以甜腻地讨要爱怜的男人，

一个可以轻松地调侃失败的男人，

一个把日子过成诙谐之歌的男人，

一个心底只收山水不落尘埃的男人。

而那被央求的女子啊，

不知会笑得多灿烂！

——你看，

柳编提水勺

达斡尔族所使用的柳编制品整齐美观又实用，是达斡尔族生活中得心应手的工具。
编织作为实用性较强的工艺美术，在达斡尔人的生活中起到了很大的作用。
与此同时编织作为实用艺术也美化了他们的生活。
从而也显出了他们的智慧及艺术创造能力。

就是在这爱意袅袅的屋檐下，

轻笼着一户户温暖的达斡尔人家，

即使只有柳条编成的篱笆院墙，

即使只有素朴的草苫房。

桦树皮捕鱼工具

达斡尔人的捕鱼工具。

用直径一尺多的筛框市做囤圈，用桦树皮为囤底，用马尾纱为囤面，囤面开一圆孔。

将谷糠炒熟用水和成饼状放入囤底，囤面圆孔周围放些鱼食，吸引小鱼进入囤中吃鱼食。

多由中老年妇女将鱼囤放在河边二三尺深的水中，专捞小鱼。

3. 大自然厚爱的孩子

如果你要问我，

达斡尔人珍视的是什么，

我会毫不犹豫地告诉你，

不是权杖和庙宇，

不是珍馐和锦衣，

是太阳和真理，

是自然天地。

他们因之拥有和美的姊妹兄弟，

他们因之拥有伙伴一样亲密的爱侣，

他们因之被赋予让低矮的院落成为乐园的天资，

他们是大自然厚爱的孩子。

他们把关于悲欣的抒情，

都唱给了山野和生灵。

他们对生生不息的自然伙伴，

深怀永恒的热爱之情——

他们把《美露咧》唱给山兽

唱给它们喜爱的杏树樟子松落叶松，

也唱给草香雨雾和雪峰。

他们把《南那肯》唱给凤凰牡丹，

唱给凤凰牡丹一样好的心上人，

也唱给天上的白云。

他们把《齐尼花如》唱给苏雀黄鹂和公鸡，

唱给忙碌的媳妇和那头碾砣的小毛驴，

柳木提梁桦皮篓

达斡尔族所用桦树皮器物中，有一种"罗阿其绰恩古罗"（即俄罗斯桦皮篓）。
这种桦皮篓的特征是器身由上下两部分组成，下部器身外包于上部，器身以锯齿纹咬合成。
盖为内镶圆形柳木块，顶有鞍鞯式柳木提梁。
达斡尔人制作的桦树皮器皿，与原分布于西伯利亚地区的雅库特民族的同类器皿十分相似。

也唱给朴素但鲜亮的日子。

而为了赞颂心中的神灵，

他们会唱起"雅德根伊若"——

"我以虔诚的心求拜神灵，

我那三只天上的神鹰，

保佑我的族民年年太平。"

——你看，

这就是你要问的达斡尔艾门，

他们从远古走来，

身心纯净。

他们只喜欢唱着快乐

或者忧伤的歌，

看牛羊满坡。

他们只喜欢一顶毡房，

一缕烟火。

他们就只是

原野上流动的景色

四季的花朵。

他们就只是

晨昏里温厚的牧者

守望的草垛。

他们那极简的生活里，

有着草木的清香，

有着泥土的本色。

镂刻雕花儿童车

儿童用的雕花彩绘三轮车是比较独特而富有民族特色的车。

长约130厘米，宽60到70厘米。其造型及结构跟普通型大轱辘车相同。

特别之处是在车辕间加置一个车轮，车厢是用木板三面围成，在车辕处开口。

外壁有彩绘、浅浮雕或镂空雕刻装饰，多以花草鸟兽为主，也可见"寿"字图案等饰纹。

这种儿童雕花三轮车以其优美的造型深受达斡尔人的喜爱。

所有的结局都期许团聚　　所有的灵魂都涌向甘美

马
鞭

马鞭长度为60到80厘米之间，鞭头是40厘米左右长的皮质软鞘。
马鞭的鞭杆芯为市制，做工比较精致。

1. 达斡尔艾门的歌声

"达斡尔艾门的歌声多么嘹亮，

古老的民族发祥在黑龙江，

从事游牧渔猎人丁兴旺，

开荒种地繁衍生息在嫩江平原上。

历史的变迁锤炼着民族的成长，

辈辈踏着先祖的脚印阔步奔前方。"

木制官帽盒

帽盒的材料为木制，上面有盖子，盖子盖上后采用的是笼屉口衔接。
帽盒通体暗红色，一般是存放礼帽和水獭等高级皮毛的帽子而用。（清代）

2. 忧伤但倔强

歌短情长。

达斡尔艾门的歌在流光里深情吟唱，

声声饱含一个北疆民族的过往。

如果你听到了倔强里的忧伤，

如果你听到了忧伤里的刚强，

那正是他们祖先的模样——

补花饰

儿童摇车头后背面补花饰,是达斡尔族儿童摇车的重要组成部分。
在摇车顶部20厘米"U"字形艇架内从后面缝上一块皮子,外有一层布,色彩或红或蓝。
外包有10厘米宽呈"U"字形黑色皮边,在红或蓝的底衬布上有"寿"字纹等补花绣。
或有五福捧寿图案补花绣,还有的在底边左右角上做蝴蝶补花绣等,十分精美。

3. 像甘美的石榴籽

如果你要问我，

达斡尔人崇尚的是什么，

我会骄傲地告诉你，

是忠烈和正义。

为了对剥削和压迫奋起反抗，

少朗和岱夫的义军拼杀在嫩江平原上，

他们的英雄事迹至今在乌春里传扬。

为了抗击罗刹的入侵，

无数的傲蕾·一兰血染芳华，

无数的忠魂殉国在英雄之城雅克萨。

为了夺取抗战的胜利，

多少达斡尔的优秀儿女血洒黑土地，

用英灵护佑着山河壮丽。

而为了守护要地新疆，

索伦营将士骁勇疆场半个世纪，

有无数好男儿献身在天山的腹地。

"二十处伤身上挂，好像身上开的花。

我曾守过这卡伦，我要安息在这里了。

夏天黄土地把身埋，冬天白雪当被盖。

哪咿儿呀哪呀哟，哪咿儿呀哪咿呀"——

这片土地上那万分之一的人口啊，

曾用忠烈擦亮华夏民族的风华。

哪一个鲜活的生命，

不是亲人最爱的图景！

哪一份英勇的牺牲，

不曾缀满亲人的疼痛！

所有的结局都期许团聚，

所有的灵魂都涌向甘美。

所有的亲人都能相拥相依，

所有的亲人都能像石榴籽一样明媚，

就是对牺牲最好的告慰。

世代忠烈

达斡尔

摇
篮

达斡尔族在养育婴儿时，需用"达日德"（即摇篮）。

制作上要请心地善良、为人正派、手艺精良的市匠制作，认为这样的人制作的摇篮心里踏实。

摇篮的周帮材料，讲究从茂密的榍李子丛林中，选其树干弯向升太阳方向的榍李子树。

"达日德"有约1米长，周帮高6厘米多，分"U"形状的头部分和肢体部分。

使用时，用鹿颈皮带挂在屋内中央横梁上，拉动尾部皮带，摇篮像一叶小舟在空中荡漾。

达斡尔人对摇篮非常爱护，讲究世代相传，一个摇篮可使用六十年。

因为挚爱所以献祭　　因为忠烈所以安息

木
案

达斡尔人所使用的炕桌均为四腿小桌，现存文物桌面素面无纹饰。
边长仅为60厘米，高约30厘米，在现存文物中，可见市案与炕桌并存。

1. 我要安息在卡伦

"二十处伤身上挂，好像身上开的花。

我曾守过这卡伦，我要安息在这里了。

夏天黄土地把身埋，冬天白雪当被盖。

双双飞翔的小燕呀，捎个信儿给我情人吧。

哪咿儿呀哪呀哟，哪咿儿呀哪咿呀！"——

这不是一支轻快的情歌，

也不是一支吴侬软语的歌，

这是一支哀伤的骊歌，

有时，它甚至就是一支悼亡的歌，

所以，请不要将它唱得太过欢乐。

它映照的是达斡尔男儿离乡后的苦寒，

它映照的是达斡尔男儿戍边之路的险远，

所以，请不要将它唱得太过轻浅。

你看——

在达斡尔人祭祖时那高高的斡包之上，

在达斡尔人祝祷时那庄重的面庞，

在达斡尔人炽热的胸膛，

这哀歌至今回荡，

曲调高亢，

表情硬朗。

2. 那些抗击沙俄的英魂

精奇里江畔是达斡尔人的世居之地，

盛产燕麦大麦荞麦和貂皮。

黑龙江河谷是达斡尔人的渔牧天堂，

鱼鲜草肥牛强马壮。

为了抢夺长期垂涎的北中国，

贪婪嗜血的沙俄曾频扰华夏山河。

那些忠烈的达斡尔英雄啊，

为了驱除外寇为了安息着先人的土地，

岂止是奋勇杀敌前仆后继！

在英雄之城雅克萨，

留下了多少达斡尔的英魂宁死不屈——

无论沙俄怎样怀柔怎样血洗，

达斡尔人的心从未有丝毫偏移——

向着东方而归才是他们心中的大义，

与挚爱的亲人团聚才是他们情感的母题。

3. 那些戍守新疆的达斡尔人

壮阔的新疆岂止拥有绝世的美丽，

自汉以降更成为华夏民族的边城要地。

"立国有疆，古今通义"，

大西北素来是臂指相连的和田美玉。

祖先的圣地，岂容外寇觊觎——

为了抗击沙俄英帝廓尔喀对疆藏的侵袭，

一批又一批达斡尔人的勇士，

割舍亲情告别田园，数度远征英勇克敌。

为了平定噶尔丹以及大小和卓之乱，

斩断边疆隐患，实现国家统一，

忠烈的达斡尔人曾将自己的身心无私献祭。

而为了疆防永固，民生长安，

索伦营的后代更是舍弃故里屯垦南北天山，

建设着美丽的新疆那各民族共享的精神家园。

饸饹面压制工具

达斡尔族早年因以种植荞麦为主，所以面食也以荞面为主。

其中最传统的面食是荞面饸饹，从传统来说野鸡汤饸饹面是招待贵宾的必备食品之一。

早年的饸饹面压制工具是用鹿或犴的肩胛骨做的，首先要在骨面上凿满大小适中的洞孔。

然后把面放在肩胛骨做的工具上面用手压，面从孔中被挤成圆条形从孔洞处流出。

装火药木勺

狩猎业曾经是达斡尔族最古老、最重要的生产活动之一。
达斡尔族早期使用的猎枪子弹均需自制，相应地产生了制作子弹的模具。
装火药木勺便是其中之一。

舍弃但疼惜　　远离但铭记

木雕衣箱

达斡尔族的民具制造有着悠久的历史和传统，是传统文化的一个组成部分。
民具品种多样，造型美观，独具特色，一般分为家居用品、生活用品、饮食用具等。
木雕衣箱，纹饰中心为桃瓜石榴盘，两面为牡丹荷花瓶各一。
间饰方胜图案，方形柏予及莲蓬造型，外沿四周为回纹。

1. 何日能相逢

你那温顺的性情，比那嫩江水还恬静；

你那含情的眼睛，比那秋月还晶莹。

讷耶讷耶呢耶耶勒，讷耶讷耶呢耶耶。

你那柔软的舞姿，比那垂柳还轻盈；

你那甜蜜的歌声，比那天鹅鸣叫还动听。

讷耶讷耶呢耶耶勒，讷耶讷耶呢耶耶。

在那繁重的劳动中，谁也比不上你出众；

心灵手巧的姑娘呀，常常进入我的梦中。

讷耶讷耶呢耶耶勒，讷耶讷耶呢耶耶。

你那俊美的面容，像草原的花儿一样艳红；

纵然我日夜把你想念，不知何日才能相逢。

讷耶讷耶呢耶耶勒，讷耶讷耶呢耶耶。——

这不是一支轻快的情歌，

也不是一支吴侬软语的歌，

这是一支哀伤的骊歌，

有时，它甚至就是一支悼亡的歌，

所以，请不要将它唱得太过欢乐。

它映照的是达斡尔男儿离乡后的苦寒，

它映照的是达斡尔男儿戍边之路的险远，

所以，请不要将它唱得太过轻浅。

你看——

在达斡尔人万里寻亲那漫漫的长路之上，

在达斡尔人相拥时那热泪滚滚的面庞，

达斡尔艾门之歌

在达斡尔人炽热的胸膛，

这哀歌至今回荡，

曲调高亢，

表情硬朗。

2. 那些温暖的家园

有了达斡尔人的地方，

总会有温暖的家园。

无论是在山野之间，

还是在水边。

即使只有一架朴素的大轱辘车，

也会驮起他们多情的扎恩达勒。

即使只有柳条编织的篱笆院落，

达斡尔人家也会清香如库木勒。

那欢快的鲁日格勒，

那遒劲有力的波依阔，

更是达斡尔人家温暖生活的亮色——

而为了忠勇也为了大义，

世代忠烈的达斡尔儿女，

却曾几度含泪舍家卫国，

谱写了血染的和平之歌！

达斡尔艾门之歌

琥珀香

达斡尔烟叶，俗称套烟，一向是达斡尔族农民群众重要的多种经营收入之一。

是我国北方烟叶种植较早、种得最好、收益较高的地方名烟，种植历史已有300余年。

达斡尔族是好客民族，馈赠客人走亲访友，烟是常见礼物，在民族礼仪中，装烟礼占有重要地位。

达斡尔烟叶醇香、味柔、劲足、燃烧性好、施用农肥等绿色无公害产品，素有"琥珀香"套烟之誉。

3. 那些亲切的族人

哈拉是达斡尔人的姓氏，

无论是郭博勒还是敖拉，

抑或是莫尔登还是鄂嫩，

都是他们对山水最温暖的标记，

饱含他们对生养之地最深情的追忆。

莫昆是达斡尔人的氏族组织，

民主议事之风让族人们和睦相依。

即使岁月蹉跎让他们屡屡迁徙，

有的居留在塔城有的居留梅里斯，

有的迁往海拉尔有的迁往莫力达瓦旗，

各居四方言区。

然而只要燃起祖先的篝火，

只要唱起达斡尔艾门的歌，

他们总会紧紧相拥，热泪滂沱。

因为他们是同一片山河养育的子孙，

因为他们有个共同的名字叫作达斡尔人。

就像五十六个民族的姊妹兄弟，

永远是紧紧相依的石榴籽。

牺牲是为了安宁　　献祭的意义在于和平

木库莲

市库莲是达斡尔族的民间乐器，是用钢片制作的口含指弹口弦琴。
形状类似锥子，外环用压扁的铁制成，中间一根薄片钢舌，钢舌尖端细而弯曲。
演奏时左手握尾端，放在唇齿之间，右手指弹拨钢舌条的尖端，用口唇控制曲调变化。
它的音域虽然狭窄，但富于变化，能学百鸟欢唱，十分动听，是达斡尔族人民喜爱的乐器。

1. 我执勤巡逻在边卡

"我执勤巡逻在边卡，骑着黑色的骏马。

我守在边防卡伦，随身把刀剑佩挂。

卡伦，卡伦，我在卡伦上驻扎。

为保卫祖国边疆，我身披武士铠甲。

手持着长矛和剑戟，一心一意守边卡。

卡伦，卡伦，我在卡伦上驻扎。

双手拿起弓和箭，拉弓射箭是行家。

为了不玷污荣誉，坚守岗位不惧怕。

卡伦，卡伦，我在卡伦上驻扎。"——

这不是一支轻快的情歌，

也不是一支吴侬软语的歌，

这是一支哀伤的骊歌，

有时，它甚至就是一支悼亡的歌，

所以，请不要将它唱得太过欢乐。

它映照的是达斡尔男儿离乡后的苦寒，

它映照的是达斡尔男儿戍边之路的险远，

所以，请不要将它唱得太过轻浅。

你看——

在达斡尔人戍疆纪念那巍巍的石碑之上，

在达斡尔人望乡时那深情的面庞，

在达斡尔人炽热的胸膛，

这哀歌至今回荡，

曲调高亢，

表情硬朗。

2. 让疆土永固

"出疆必请"早已载入《礼记》，

睦邻友邦才是文明最温暖的礼仪。

华夏民族历来热爱生养自己的土地，

因为他们世代与这片土地同生共息。

"守土有责，天下公理"，

疆土才是家国最悠远的定义。

3. 让和平永不落幕

"致中和方育万物"，

和平才是文明最终极的图腾。

华夏民族历来多猎枪更多美酒，

因为他们更热爱化险途为丝路。

"和而不同，美美与共"，

干戈变为玉帛才是人类向往的大同。

达斡尔 生生不息

桦树皮米篓

桦树皮用具，涉及了达斡尔族生活的各个层面，用途非常广泛。
它质地柔韧、易塑造、不怕水、不怕碰撞、防腐耐潮、经久耐用、携带方便。
桦树皮米篓是达斡尔族在长期生活实践中形成的民族创造。

山水微醺达斡尔

曲棍球

达斡尔传统曲棍球运动，达斡尔语称作"贝阔他日克贝"。

其中的"贝阔"系指球棍，达斡尔球棍选择根部弯曲、枝干挺直的柞市削磨加工而成。

达语中球被称为"朴列"，其大小如棒球，分火球、毛球、市球三种，偶尔也使用骨球。

达斡尔族传统曲棍球比赛多在重大节日、集会或空闲时以氏族（莫昆）、村屯为单位举行。

场地大小无统一规定，两端各设球门，比赛的两队人数相等即可，打进对方球门多者为胜。

火球　　　　　　　市球　　　　　　　毛球

1. 弯弯的树

"弯弯的树哟，长得好看；

翱翔的大雁，成群结队好看。

圆圆的树哟，长得好看；

灵捷的鸽子，翱翔好看。

常青的樟树哟，长得好看；

高飞的苍鹭，翱翔好看。

小叶的杨树哟，长得好看；

洁白的天鹅，翱翔好看。"——

2. 凡虔敬，皆欢乐

桦树松树杨树和柳树，

都是达斡尔人世代喜爱的树。

他们的摇篮叫作达日德，

是阿查用果木精心雕刻。

额沃的眠歌总是婆娑朦胧，

轻摇着子孙们山水微醺的梦。

他们用柳树的枝条编起篱笆院落，

晕染达斡尔人家那山水微醺的生活。

即使敬神祭祖，

他们的信赖也依然交给了树——

他们埋下枝繁叶茂的白桦树，

把它唤作"格里·托若"神树，

深信这神树能懂得他们虔诚的倾诉。

而在那广袤的山野，

他们更是万物天然的伙伴，

是山神白那查永远护爱的婴孩。

"走到原野上，鹌鹑在歌唱。

声声歌儿唱的是，为我祝福的歌。

吉喂耶吉喂耶，吉祥的歌。

珠格日吾桂珠格日吾桂，五样热情的歌。

松树枝头上，喜鹊在歌唱。

声声歌儿唱的是，为我祝福的歌。

吉喂耶吉喂耶，吉祥的歌。

珠格日吾桂珠格日吾桂，五样热情的歌。

柳树顶梢上，百灵在歌唱。

声声歌儿唱的是，为我祝福的歌。

吉喂耶吉喂耶，吉祥的歌。

珠格日吾桂珠格日吾桂，五样热情的歌。

站在江水旁，苍鹭在歌唱。

声声歌儿唱的是，为我祝福的歌。

吉喂耶吉喂耶，吉祥的歌。

珠格日吾桂珠格日吾桂，五样热情的歌。

回到大门旁，群鸟在歌唱。

声声歌儿唱的是，为我祝福的歌。

吉喂耶吉喂耶，吉祥的歌。

珠格日吾桂珠格日吾桂，五样热情的歌。"

——你听，

这就是他们唱给山野和生灵的情歌，

这情歌是赤子衷肠的天然流淌，

他们因之拥有欢乐的翅膀。

他们对祖先的生息之地深怀虔敬，

他们对大自然有着不变的向往，

他们因之得遇精神的故乡。

火
镰

打火工具火镰是达斡尔族猎人常用的工具。
长期艰苦的野外狩猎生产使火镰成为猎人保障生命必不可少的工具。
火镰运用了金属和火石摩擦起火的原理，是人类对火熟练驾驭的一种体现。

草木清欢达斡尔

砸苏子器

达斡尔族早年主要以苏子榨油食用，也喜欢把苏子砸成粉或膏状做馅饼馅。砸苏子器的器身是鱼形的中空木制桶状器，使用时把苏子从器身上口倒入桶腹，用棍状器向里砸，直到成粉并浸出油变成膏状为止，食用起来非常香醇可口。

1. 捡野菜

"蓝蓝的天空，清清的流水，

咱们姐妹四个，渡河到对岸。

讷耶勒呢耶，讷耶勒呢耶耶，

咱们姐妹四个，渡河到对岸。

春到草甸子，听到了布谷，

咱们去采野菜，采满花皮篓。

讷耶勒呢耶，讷耶勒呢耶耶，

咱们去采野菜，采满花皮篓。

快快采呀快快采，快快采呀快快采，

咱们大家齐使劲儿，采呀采满布口袋。

讷耶勒呢耶，讷耶勒呢耶耶，

咱们大家齐使劲儿，采呀采满布口袋。

蓝蓝的天空，清清的流水，

咱们姐妹四个人，欢欢喜喜往家走。

讷耶勒呢耶，讷耶勒呢耶耶，

咱们姐妹四个人，欢欢喜喜往家走。"——

2. 凡朴拙，皆欢乐

在春天，

在寥廓的山野之间，

在江水蜿蜒的母亲河边，

到处是采撷柳蒿芽的天堂，

到处是达斡尔姑娘草木清欢的光芒。

她们那轻快的身影，是山林里珍贵的露珠，

她们那清亮的吟诵，是草尖上迷人的音符。

她们是天空上洁白的云朵，

她们是春天里最明亮的欢乐，

她们和大地上的生灵唱着同样的歌。

她们苦中一缕清香，

像那嫩绿的柳蒿芽铺满春天的家乡。

她们像那凌霜傲雪的达子香，

浓艳欲滴的粉紫色会迷醉人的心房——

而待到隆冬的大雪封山，

待到洁白将一切喧嚣覆盖，

英武的达斡尔男人会掀起冬捕竞赛，

去捡拾他们鱼跃冰河的欢快。

你听，

这就是他们即兴创作的捕鱼号子，

是属于他们世代相传的"节日志"——

"咱们撒下渔网吧，介本哲嘿，介本哲嘿！

把那鲤鱼捕捉吧。介本哲嘿，介本哲嘿！

咱们沿岸撒网吧，介本哲嘿，介本哲嘿！

把那鲫鱼捕捉吧。介本哲嘿，介本哲嘿！

咱们在深渊撒网吧，介本哲嘿，介本哲嘿！

把那黑鱼捕捉吧。介本哲嘿，介本哲嘿！

咱们撒下阿贵网吧，介本哲嘿，介本哲嘿！

把那鳌花鱼捕捉吧。介本哲嘿，介本哲嘿！"

施油长颈瓶

勒勒车侧帮前端放有一只长颈小腹宽口的陶瓶。

瓶内装油，瓶口插长条棕油刷，用来给铁质车辖（包裹车毂上的金属套）上油防锈。

生生不息达斡尔

梳妆匣

达斡尔族妇女所使用的梳妆盒制作得精巧细致，非常美观。
图为墨绘二龙戏珠、双蝶、双凤及枝叶绘纹的女用梳妆匣。

1. 映山红花满山坡

"映山红花满山坡，达斡尔姑娘爱唱歌。

山歌一代传一代，嘹亮的歌声震山河。

讷哟耶尼哟耶，讷耶耶尼哟耶。

嫩江水流荡清波，达斡尔世代唱山歌。

山山水水唱不尽，盛世迎来幸福多。

讷哟耶尼哟耶，讷耶耶尼哟耶。

太阳一出照山河，映山红开在咱心窝。

达斡尔人齐歌唱，好山好水好生活。

讷哟耶尼哟耶，讷耶耶尼哟耶。"

围鹿棋

围鹿棋,又叫"鹿棋",流传于蒙古、达斡尔、鄂温克等民族群众中。

达斡尔语称"包格·塔里贝",鄂温克族称"呼莫哈奥克特",蒙古语称"宝恨·吉日格"。

棋盘可绘在木板、纸上,也可在沙土上画,棋盘由5道纵横线、3道交叉斜线组成。

两人对弈,其中一方执"鹿",有2个棋子,另一方执"士",有24个棋子。

围鹿棋是达斡尔族中普遍开展的体育活动之一,反映了早期集体围猎的生产活动场景。

2. 凡抱初守一，皆得生生不息

知所从来，故知所去。

达斡尔人从来心系祖先生息之地，

将故土奉为一生的皈依。

筚路蓝缕，岂无苦辛，

华夏儿女从来不识畏惧。

他们有九曲不殇的大河母亲，

他们有地球伟力亿万年锻造的嵯峨昆仑。

他们向光而生，矢志不渝，

他们抱初守一，必将生生不息。

有关注释

枕顶绣片

传统枕顶绣片是民间妇女们全心贯注的创造。
根据传统花纹样式，巧女子会出奇制胜地发挥创造力。
花的搭配、动物的组合都是围绕吉祥如意、保佑生命、歌颂生殖为主题。

1. 达斡尔族，中国古老的少数民族之一，约13万人口，目前主要聚居在内蒙古自治区莫力达瓦达斡尔族自治旗、黑龙江省齐齐哈尔梅里斯达斡尔族区及新疆塔城等地。

2. 艾门，达斡尔语，意为"人、民族"。

3. 扎恩达勒，达斡尔语，为达斡尔族传统民歌的称谓，类似汉族的山歌和小调，多在田间劳作、捕鱼打猎、放牧采伐、骑马赶车以及采撷野菜等生产生活场景里即兴吟唱。于2008年列入国家级非物质文化遗产名录。

4. 鲁日格勒，达斡尔语，为达斡尔族传统民间舞蹈的称谓，于2006年列入国家级非物质文化遗产名录。其汉语语义为"燃烧""兴旺"。

5. 马盂山，辽代山名。今内蒙古喀喇沁旗南马鞍山。一说为宁城县与平泉市交界处的山脉，或泛指宁城县以西一段南北走向的山脉。

6. 土河，今称老哈河，为西拉木伦河南岸支流。

7. 潢水，今称西拉木伦河，为西辽河北源。发源于大兴安岭山地赤峰市克什克腾旗大红山北麓的白槽沟，流经克什克腾旗、翁牛特旗、林西县、巴林右旗、阿鲁科尔沁旗，于翁牛特旗与奈曼旗交界处与老哈河汇合成为西辽河。

8. 木叶山，今称海金山。位于内蒙古赤峰市翁牛特旗海拉苏镇境内。

9. 精奇里江，今称结雅河。

10. 纳文慕仁，达斡尔语，指嫩江。

11. 卡兰古尔，即卡浪古尔河。新疆塔城地区的主要干流。发源于塔尔巴哈台山主峰，暴雨融雪径流从塔尔巴哈台山区流向广袤的洪积扇平原和冲积扇平原。

12. 泰州，辽朝到元朝时期所设置的州，位于今黑龙江省泰来县西北 56 里塔子城镇。

13. 雅德根伊若，达斡尔族祖先信奉萨满教，"雅德根"为其萨满的达斡尔语称谓，"雅德根伊若"指萨满所唱颂的神词。

14. 少郎、岱夫，两位带领达斡尔人民反剥削反压迫的历史人物。

15. 傲蕾·一兰，达斡尔族抗击沙俄侵略的女英雄。

16. 索伦营，由达斡尔、鄂温克等民族的将士组成的清朝军队编制。

17. 卡伦，达斡尔语，意为"哨卡"。

18. 雅克萨，中国东北边疆古城，位于黑龙江上游左岸，今漠河县境内额木尔河口对岸。

19. 廓尔喀，廓尔喀王朝发祥地，位于尼泊尔首都加德满都西北。

20. 大轱辘车，又称大轮车、勒勒车，为达斡尔族传统运输工具。

21. 库木勒，又称昆米勒，即柳蒿芽，为达斡尔族喜食的野菜。

22. 波依阔，达斡尔语，意为"曲棍球"，为达斡尔族传统体育运动项目，于2006年被列入国家级非物质文化遗产名录。

23. 阿查，达斡尔语，意为"父亲"。

24. 额沃，达斡尔语，意为"母亲"。

25. 白那查，达斡尔语，指"山神"。

26. 文中用双括号标示的自然段落，均为达斡尔族民歌，参见内蒙古文化音像出版社 2015 年版《达斡尔族民歌精选》，包括《深山密林我的家》《农夫打兔》《美露咧》《南娜肯》《齐尼花如》《达斡尔"爱门"的歌声》《我要安息在卡伦》《何日能相逢》《我执勤巡逻在边卡》《弯弯的树》《五样热情的歌》《采野菜》《捕鱼》《映山红花满山坡》等。

推荐语

小儿学步车

达斡尔族小儿学步车，是宝宝会走路之前的代步工具。
可以适度辅助婴儿学习走路，对训练婴儿肢体动作的协调有一定帮助，也解放了妈妈的双手。

达斡尔族女诗人吴颖丽的诗集《达斡尔艾门之歌》用史诗的笔触深描出一个古老而伟大民族的神性力量和赓续不绝的生存精神，全书凝聚了对本民族文化发生发展演变历程深沉的原型追忆、祛魅与现代诗意阐释，以对本民族开放包容的历史生命的敬畏之心，对中华诗歌美学理论与方法的创新实践能力，为深度铸牢中华民族共同体意识提供了具体生动的当代民族文学实践个案。

——阿库乌雾（西南民族大学教授，诗人，民族文学评论家）

吴颖丽的《达斡尔艾门之歌》是一首多声部的复调乐章，也是一座用诗歌雕造的达斡尔艾门的壮丽群雕。吴颖丽的诗歌魅力，不是玩弄语言的变形和辞藻的华丽，而是来自古老民族传统与现代诗歌互动的张力、来自追寻一个民族几经迁徙却绵延不绝的秘密的歌唱主题乘着无形力量的翅膀在天地间的飞翔。在吴颖丽的诗歌中，有着不断重复的唱不完的意象，而这正是她在层层叠叠地雕塑着一个无比庄严的诗歌意象——民族的灵魂。

　　——陈岗龙（多兰），（北京大学教授，诗人）

鱼

叉

达斡尔族渔猎文明源远流长。
夏季常乘小舟采用点燃火把吸引鱼的方法叉鱼。
鱼叉一般自己用废铁打制，夏季叉鱼用的鱼叉较细，这样灵便，穿透力好。

鱼形折叠刀

达斡尔族因经常捕鱼，所以有不少鱼形工具，市雕鱼形折叠刀便是其中之一。
折叠刀不用时，刀刃会收到中空的市质鱼腹内，使用时可以将刀刃向外拉出。
市腹和刀是用铆钉连接于市制鱼头上，看上去就像鱼的眼睛一样，设计十分精巧。

诗如其人，了解其人、再读其诗，无法不为吴颖丽诗中透出的干净美丽、自然真诚而动容。《达斡尔艾门之歌》是达斡尔民族诗人吴颖丽为达斡尔民族所写的一首史诗歌谣，新颖的结构、真诚的叙述者形象和主题思想的有机统一使得这首长诗读来荡气回肠、百转千回。当今诗歌缺少的不是技巧的淬炼，而是对诗歌的虔诚、热爱和敬畏，更重要的是，吴颖丽自始至终都保持着一颗少数民族诗人的初心。

——李濛濛（文学博士，云南民族大学教师）

吴颖丽的长诗《达斡尔艾门之歌》述说了达斡尔族勇敢向前、辛勤劳作、乐观豁达、生生不息的历史生活画卷。长诗根植于达斡尔族的生活与血脉，充溢着对民族美好心境的抒发，对民族坚强忠勇的赞叹，对民族幸福未来的祝愿。长诗立意独到，情怀博远，哲思深邃，达斡尔族民歌里承载的岁月沧桑，歌声中凝结的隽永意境，都为长诗叙述开辟了崭新的路径，使得长诗的民族文化底蕴更为厚重，更有了能触及人们心灵深处的通道。长诗通过《山水之子达斡尔》《世代忠烈达斡尔》《生生不息达斡尔》三个篇章，礼赞民族，礼赞生活，充满诗意之美，展现和祝福了我们达斡尔族和其他各兄弟民族一样，有着美好的生活和向往。

——毅松（内蒙古社会科学院研究员，内蒙古自治区达斡尔学会理事长）

针线盒

针线盒由大小不同的盒套与内舌两部分组成。

盒套的下端开口，内舌内部蓄有薄棉花（便于插针），上端缝有一条带子且穿过盒套上端（用于拉拽内舌）。

使用时，将针水平插在内舌上，拉紧内舌上方的带子，使其收于盒套之中。

婴儿尿簸箕

婴儿尿簸箕，桦树皮制作。

婴儿摇篮吊起来后有一定的斜度，小儿尿水直接流入簸箕内，不会泡婴儿腿脚。

达斡尔诗人吴颖丽用《达斡尔艾门之歌》为达斡尔民族代言，以一个达斡尔女儿的视角，"用歌声题诗"的方法，饱含无比热爱自己民族的情感，完整地用诗歌描写达斡尔民族的历史、文化、情感、特色，在歌颂达斡尔醇厚高洁、爱国爱家、忠烈正义的品格中，表达达斡尔作为中华民族一员的自豪和骄傲，也描述了达斡尔族为中华民族文化做出的巨大贡献。鲜明地表达了"我们辽阔的疆域是各民族共同开拓的""我们悠久的历史是各民族共同书写的""我们灿烂的文化是各民族共同创造的"这一中华民族共同体意识。

　　——杨彬（中南民族大学教授，文学评论家）

打捞历史，重塑记忆，尝试还原达斡尔民族的过去，同时实现与"现代"的对接；而关键的难度，是要用民歌形式来完成这一切——它不需要展示写作者的话语，而是要消弭个人的痕迹。

我读到了来自血肉和生命深处的激情，那是莽野召唤着游子归乡，母亲目送着儿女出征。民歌与爱赋予了它强劲的叙述动力，它因此而饱满和酣畅，也因此明丽而质朴。

——张清华（北京师范大学教授，诗人，文学评论家）

笊篱姑姑

笊篱是一种传统烹饪器具。
在达斡尔族民俗文化中有请笊篱姑姑的古老习俗。
笊篱姑姑，达斡尔语称"笊篱巴日肯"，在达斡尔族宗教神中称为"舞神"。
笊篱姑姑舞蹈之神的地位，从请笊篱姑姑的一系列过程中依稀可见。

图书在版编目（CIP）数据

达斡尔艾门之歌 / 吴颖丽著 . -- 北京：作家出版社，2021.12

ISBN 978 – 7 – 5212 – 1551 – 9

Ⅰ . ①达… Ⅱ . ①吴… Ⅲ . ①诗集 – 中国 – 当代 Ⅳ . ①I227

中国版本图书馆 CIP 数据核字（2021）第 205607 号

达斡尔艾门之歌

作　　者：吴颖丽
插图摄影：苏伟伟
责任编辑：赵　莹
装帧设计：意匠文化·丁奔亮
出版发行：作家出版社有限公司
社　　址：北京农展馆南里 10 号　　邮　　编：100125
电话传真：86 – 10 – 65067186（发行中心及邮购部）
　　　　　86 – 10 – 65004079（总编室）
E – mail: zuojia@zuojia. net. cn
http: // www. zuojiachubanshe. com
印　　刷：北京盛通印刷股份有限公司
成品尺寸：130 × 184
字　　数：50 千
印　　张：4.25
版　　次：2021 年 12 月第 1 版
印　　次：2021 年 12 月第 1 次印刷
ISBN 978 – 7 – 5212 – 1551 – 9
定　　价：48.00 元